NHK × 요시타케 신스케

과학의 관점

편집 NHK「과학의 관점」제작진
그림 요시타케 신스케

3 실험하기

나만의 '의문'을 찾아내자!

YUNA

차례

이 책을 보는 방법……4

 **세어보기**……6

    실험 1 옥수수알을 세어보아요

    실험 2 옥수수알 개수가 짝수인 이유를 알아볼까요?

 **비교해보기**……12

    실험 1 다양한 솔방울을 비교해보아요

    실험 2 솔방울 비늘잎의 비밀을 알아볼까요?

만져보기……18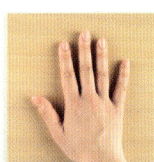

    실험 1 다양한 물질을 만져보아요

    실험 2 철이 차갑게 느껴지는 비밀을 알아볼까요?

 에 대해 더 알아보아요……24

관점 4 분류해보기 ……26

실험 1 채소와 과일을 분류해보아요

실험 2 채소와 과일 속 빈 공간의 비밀을 알아볼까요?

관점 5 분해해보기 ……32

실험 1 종이컵을 분해해보아요

실험 2 입을 대는 부분이 둥글게 말려있는 이유를 알아볼까요?

실험 3 바닥이 약간 올라가 있는 이유를 알아볼까요?

관점 6 소리 내보기 ……38

실험 1 여러 가지 식기로 소리를 내보아요

실험 2 문지를 때 나는 소리의 비밀을 알아볼까요?

  에 대해 더 알아보아요……44

이 책을 보는 방법

이 책은 '과학의 관점'으로 찾아낸 여러 가지 '의문'을 실험하며 알아가는 방법을 소개합니다.
요시타케 신스케가 그린 귀여운 친구들과 함께 나만의 '의문'을 찾아보세요.

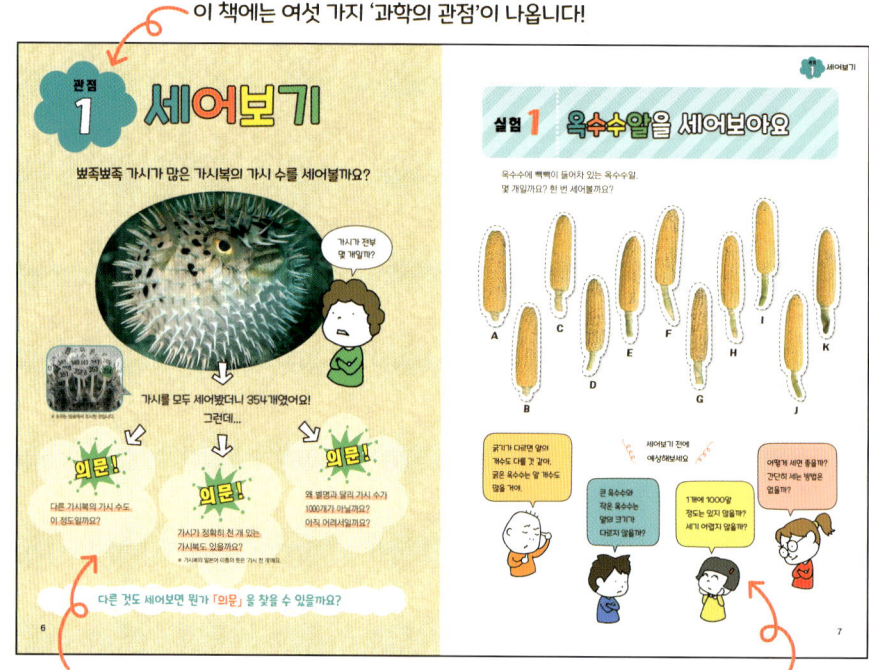

'과학의 관점'을 확인해요!

주변에 있는 물건을 '과학의 관점'으로 살피면 어떤 '의문'을 찾을 수 있는지 보여줍니다.
'의문'을 발견하는 방법을 알아보세요.

이 책에는 여섯 가지 '과학의 관점'이 나옵니다!

다양한 '의문'을 발견할 수 있습니다!

실험하면 어떻게 될까요? 어떤 일이 일어날까요?
실험 전에 예상해보세요.

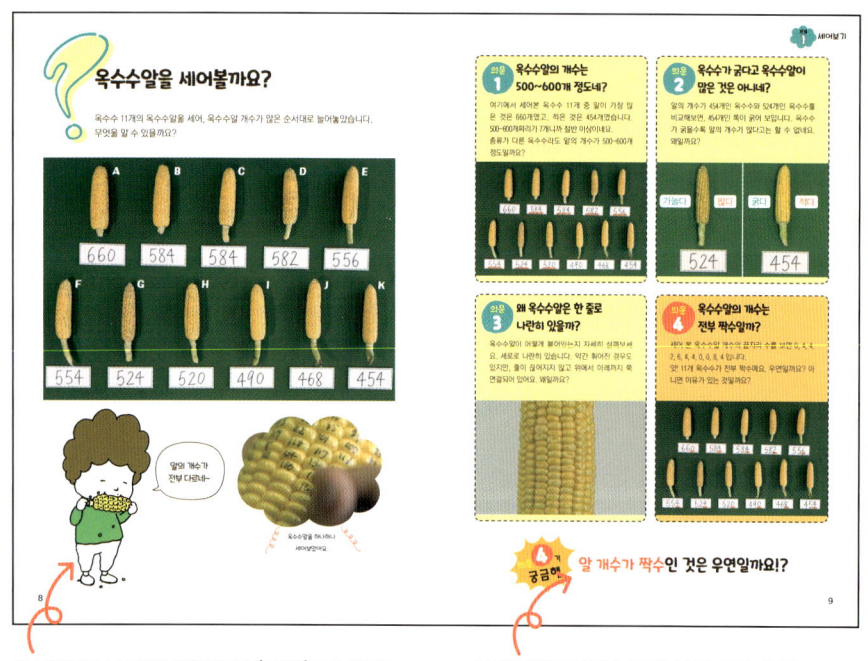

실험하여 '의문'을 발견해요!

찾아낸 '의문'을 더욱더 자세히 알아가는 방법을 소개합니다.
또 어떤 '의문'이 생길까요?

요시타케 신스케의 캐릭터와 함께 찾아보세요.

이 책에서 자세히 살펴볼 '의문'입니다!
다음 페이지에서 이 '의문'에 대해 자세히 알아봐요.

※ '관찰'은 사물이나 현상을 자세히 살펴보는 일이에요.
※ '의문'은 여러분의 마음에 이상하게 느껴지고 알고 싶은 것이에요. 이 의문이 바로 과학 탐구의 시작이랍니다.

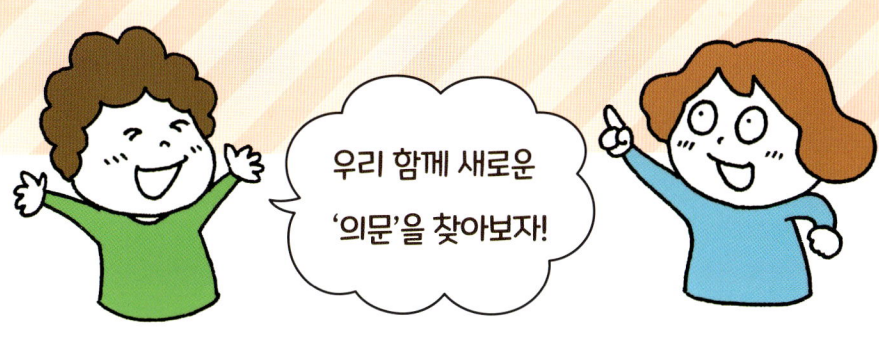

우리 함께 새로운 '의문'을 찾아보자!

스텝 3

'의문'에 대해 더 많이 알아보아요!

앞에서 찾은 '의문'을 더욱 자세히 알아보아요.

아직 더 많은 '의문'을 찾아낼 수 있습니다!
더 알아보고 싶은 '의문'이 있으면 자세히 관찰하거나 책에서 조사해보세요.

스텝 4

더 많은 '의문'을 찾아보세요!

이 책에서 알아본 '과학의 관점'을 이용하면 더 흥미로울 것의 예시를 들고 있습니다. 어떤 '의문'을 발견할지는 이 책을 읽고 있는 여러분에게 달려있습니다. 우리 함께 도전해볼까요?

'의문'을 찾으러 떠나요! 관점  1 로 우리 함께 출발!

관점 1 : 세어보기

뾰족뾰족 가시가 많은 가시복의 가시 수를 세어볼까요?

가시가 전부 몇 개일까?

※ 숫자는 방송에서 조사한 것입니다.

가시를 모두 세어봤더니 354개였어요!
그런데...

의문!
다른 가시복의 가시 수도 이 정도일까요?

의문!
가시가 정확히 1,000개 있는 가시복도 있을까요?
※ 가시복의 일본어 이름의 뜻은 '가시 천 개'예요.

의문!
왜 별명과 달리 가시 수가 1,000개가 아닐까요? 아직 어려서일까요?

다른 것도 세어보면 뭔가 '의문'을 찾을 수 있을까요?

실험 1 옥수수알을 세어보아요

옥수수에 빽빽이 들어차 있는 옥수수알.
몇 개일까요? 한 번 세어볼까요?

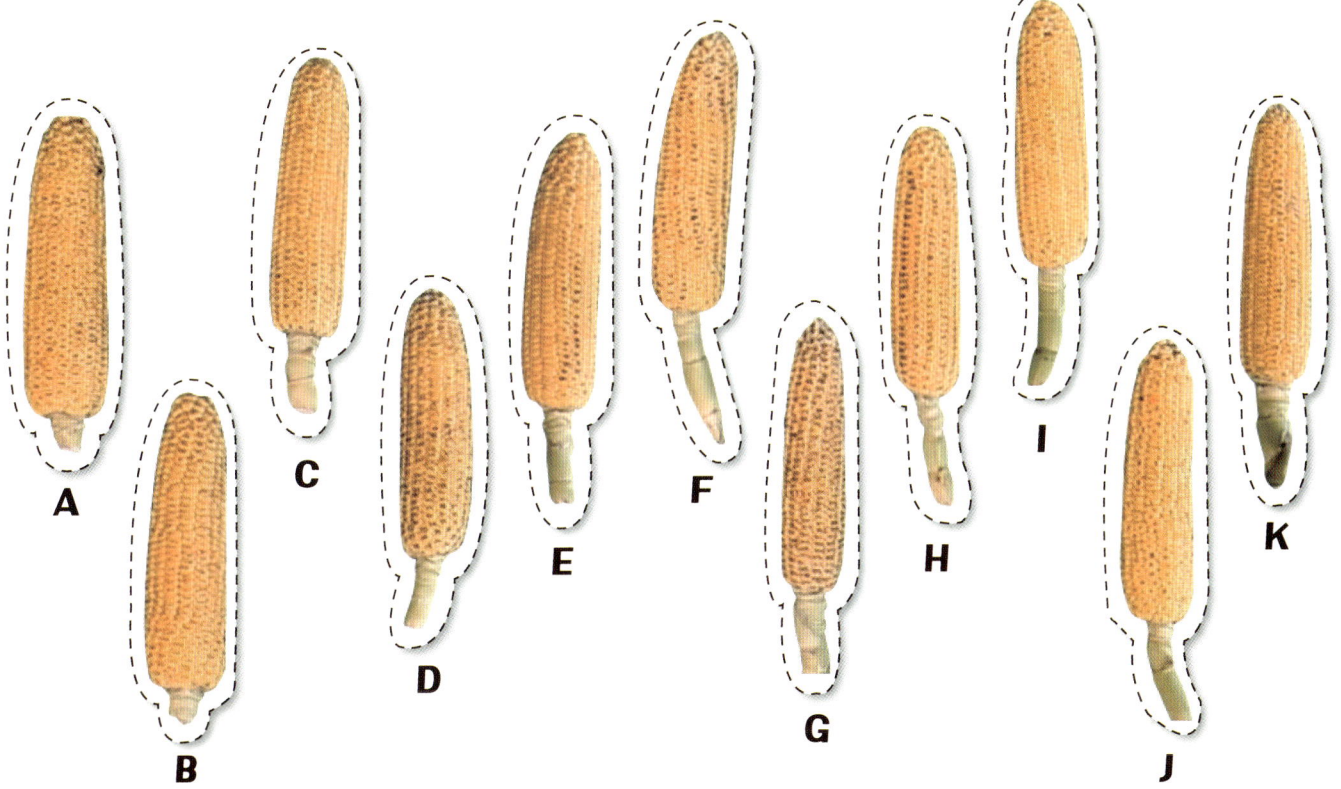

굵기가 다르면 알의
개수도 다를 것 같아.
굵은 옥수수는 알 개수도
많을 거야.

 세어보기 전에
예상해보세요

큰 옥수수와
작은 옥수수는
알의 크기가
다르지 않을까?

1개에 1,000알
정도는 있지 않을까?
세기 어렵지 않을까?

어떻게 세면 좋을까?
간단히 세는 방법은
없을까?

옥수수알을 세어볼까요?

옥수수 11개의 옥수수알을 세어, 옥수수알 개수가 많은 순서대로 늘어놓았습니다.
무엇을 알 수 있을까요?

A	B	C	D	E
660	584	584	582	556

F	G	H	I	J	K
554	524	520	490	468	454

알의 개수가 전부 다르네~

옥수수알을 하나하나 세어보았어요.

의문 1: 옥수수알의 개수는 500~600개 정도네?

여기에서 세어본 옥수수 11개 중 알이 가장 많은 것은 660개였고, 적은 것은 454개였습니다. 500~600개짜리가 7개니까 절반 이상이네요. 종류가 다른 옥수수라도 알의 개수가 500~600개 정도일까요?

의문 2: 옥수수가 굵다고 옥수수알이 많은 것은 아니네?

알의 개수가 454개인 옥수수와 524개인 옥수수를 비교해보면, 454개인 쪽이 굵어 보입니다. 옥수수가 굵을수록 알의 개수가 많다고는 할 수 없네요. 왜일까요?

가늘다 / 많다 / 굵다 / 적다
524 / 454

의문 3: 왜 옥수수알은 한 줄로 나란히 있을까?

옥수수알이 어떻게 붙어있는지 자세히 살펴보세요. 세로로 나란히 있습니다. 약간 휘어진 경우도 있지만, 줄이 끊어지지 않고 위에서 아래까지 쭉 연결되어 있어요. 왜일까요?

의문 4: 옥수수알의 개수는 전부 짝수일까?

세어 본 옥수수알 개수의 끝자리 수를 보면 0, 4, 4, 2, 6, 4, 4, 0, 0, 8, 4 입니다. 앗! 11개 옥수수가 전부 짝수예요. 우연일까요? 아니면 이유가 있는 것일까요?

의문 4가 궁금해 — 알 개수가 짝수인 것은 우연일까요!?

실험 2 옥수수알 개수가 짝수인 이유를 알아볼까요?

앞 페이지의 의문 ❹를 자세히 알아보아요.
다른 방식으로 다시 한번 세어보면 옥수수알의 개수가 짝수인 이유를 알 수 있을까요?

스텝 1 한줄에 알은 몇 개일까요?
세로 한 줄에 있는 알의 개수를 세어보아요.
이것도 짝수일까요?

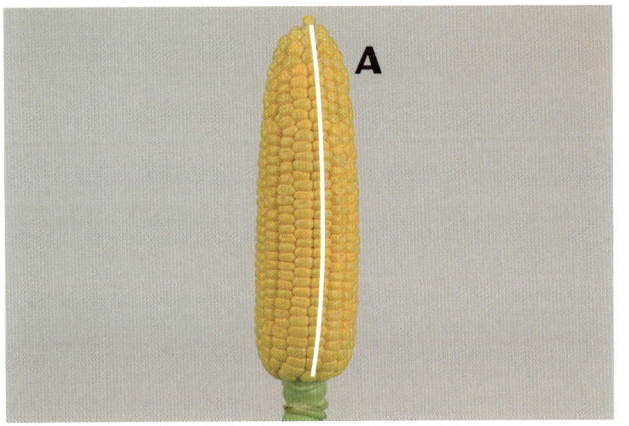
흰 선으로 표시한 것이 세로줄입니다.

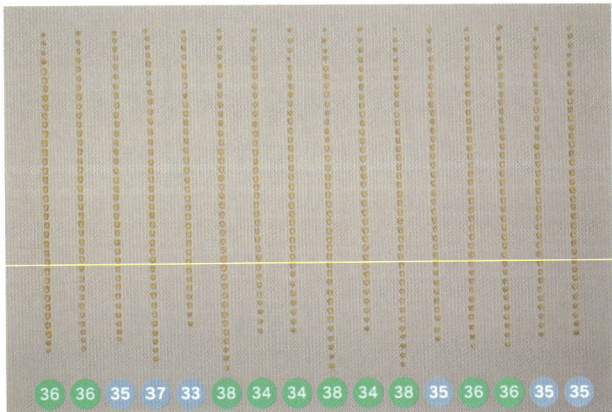
세로줄 하나하나의 옥수수알을 나열하여 세었습니다.

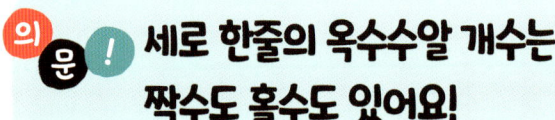

의문! 세로 한줄의 옥수수알 개수는 짝수도 홀수도 있어요!

한 줄의 알의 개수는 33~37개로 제각각이네요.
왜일까요?

스텝 2 세로줄은 몇 개일까요?
스텝 1에서 세어본 세로줄은 몇 개일까요?

세로줄은 모두 16개였습니다.

의문! 세로줄의 개수는 언제나 짝수일까요?

세로줄이 16개라는 것은 짝수네요.
다른 옥수수는 어떨까요?

여기에 알이 짝수인 비밀이 숨어있을까?

스텝 3 — 다른 옥수수의 세로줄 수는?

B와 C 옥수수의 세로줄 수도 짝수일까요? 세어보아요.

옥수수 B의 세로줄 수를 세어보아요.   옥수수 C의 세로줄 수를 세어보아요.

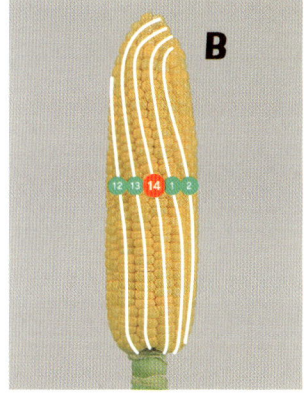

세로줄 수는 14개. 짝수네요.   세로줄 수는 16개. 또 짝수네요.

의문! 왜 세로줄 수는 전부 짝수일까요?

다른 옥수수를 세어보아도 세로줄 수는 전부 짝수였습니다. 왜 짝수일까요?

스텝 4 — 옥수수를 잘라볼까요?

옥수수 A의 중간을 잘라 단면을 살펴보아요.

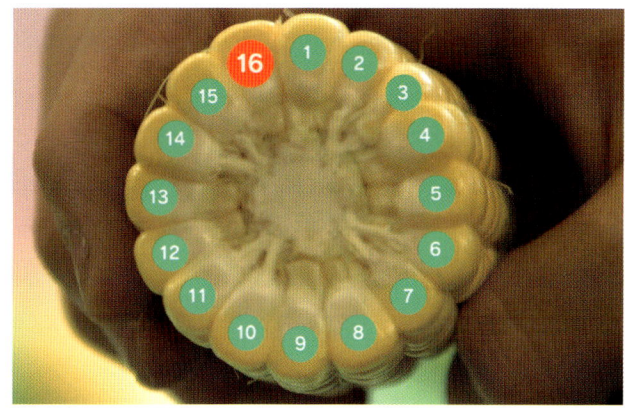

단면의 옥수수알 개수를 세어보니 16개네요.

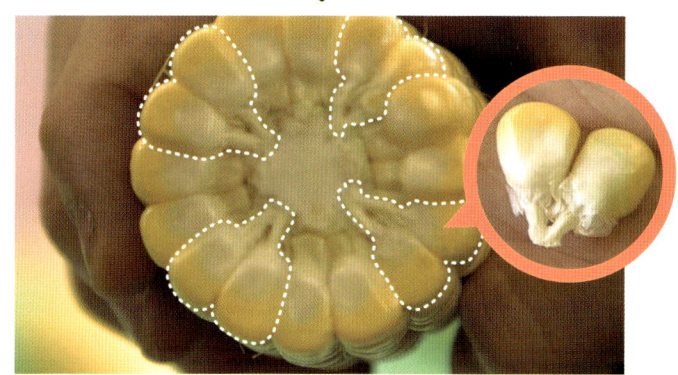

잘 살펴보면 옥수수알이 2개씩 연결되어 있어요.

의문! 옥수수알이 2개씩 짝을 이루고 있어요!

중심에서 2갈래로 갈라진 끝에 옥수수알 2개가 짝을 이뤄 붙어 있습니다. 그래서 옥수수알 개수가 짝수인 것 같아요!

 새로운 의문 & 아직 풀리지 않은 의문

세어보며 찾아낸 의문을 풀어가다 보면, 또다시 새로운 의문을 발견하게 됩니다.
분명 여러 가지 의문이 있을 거예요. 한 번 찾아볼까요?

- 왜 옥수수알이 2개씩 짝을 이루고 있을까요?
- 옥수수수염은 왜 있을까요?
- 옥수수알은 전부 크기가 같을까요?
- 옥수수알은 옥수수의 씨앗일까요?

다른 다양한 것을 세어보아요. 24페이지에서 더 알아보세요!

관점 2 비교해보기

다양한 단풍잎을 비교해볼까요?

어디가 닮았고 어디가 다를까?

의문! 모양은 닮았지만 크기나 색은 전부 달라요. 왜일까요?

의문! 뾰족한 부분이 다섯 개, 여섯 개, 일곱 개로 다양해요. 왜일까요?

의문! 갈라진 부분의 모양이 깊은 것과 얕은 것이 있어요. 왜일까요?

다른 것도 비교해보면 뭔가 '의문'을 찾을 수 있을까요?

실험 1 : 다양한 솔방울을 비교해보아요

긴 것, 둥근 것, 작은 것, 큰 것.
여러 종류의 솔방울을 모아서 비교해볼까요?

이렇게 다양한 솔방울이 있었네! 몰랐어!

비교하기 전에 함께 이야기해요

전부 솔방울이니까 비슷한 부분이 있을 거야. 나는 공통점을 찾아볼래.

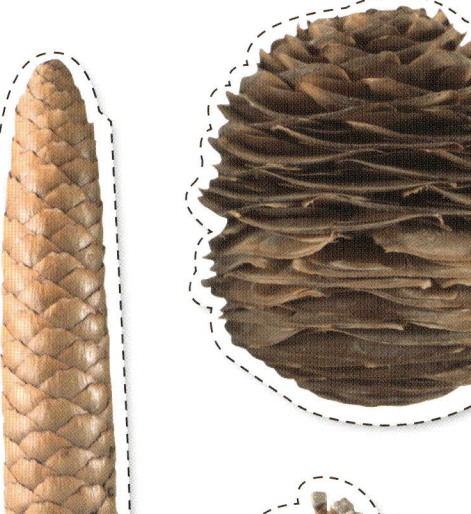

무게는 어느 정도일까? 역시 큰 게 무거울까?

솔방울을 비교해볼까요?

다양한 솔방울의 공통점과 차이점은 무엇일까요?
비교해보면 어떤 것을 알 수 있을까요?

의문 1 전부 비늘잎이 있네?

솔방울은 큰 것, 작은 것, 가늘고 긴 것, 둥근 것 등 여러 가지 형태가 있어요. 하지만 전부 비늘잎 같은 것으로 이루어져 있어요.

의문 2 비늘잎 사이에 있는 것은 무엇일까?

오른쪽 사진에 있는 것은 솔방울 비늘잎 사이에 들어있던 것입니다.
꺼내서 살펴보면 날개가 달린 곤충 같아 보이기도 합니다.
왼쪽 사진의 솔방울에는 들어있지 않아요. 이건 무엇일까요?

꺼내보면…

틈에 아무것도 없는 솔방울

틈에 무엇인가 들어있는 솔방울

의문 3 비늘잎은 전부 시계 방향으로 회전하는 모양이네?

솔방울을 아래에서 관찰하면 나선형으로 되어있습니다. 여러 가지를 비교해보니, 전부 시계 방향으로 돌아가는 모양입니다. 왜 전부 같은 방향을 하고 있을까요? 뭔가 이유가 있을까요?

의문 4 왜 비늘잎이 열린 것과 닫힌 것이 있을까?

같은 종류의 솔방울이라도 비늘잎이 열려있는 것도 있고 닫혀있는 것도 있습니다. 닫혀있는 것은 계속 닫혀있을까요? 왜 이런 차이가 있을까요?

의문 4가 궁금해 왜 비늘잎이 열려있는 것도 있고 닫혀있는 것도 있을까요?

실험 2 — 솔방울 비늘잎의 비밀을 알아볼까요?

앞 페이지의 의문 ❹를 자세히 알아보아요. 닫혀있는 솔방울과 열려있는 솔방울 2개를 다양한 각도에서 관찰하고, 실험하여 비교해보아요.

스텝 1 — 무게를 비교해볼까요?

같은 종류로 크기가 거의 같은 솔방울의 무게를 측정하여 비교해보아요.

닫혀있는 솔방울과 열려있는 솔방울.

19.6g / 11.1g

무게를 비교하니 닫혀있는 것이 더 무거웠어요.

의문 ! 왜 닫혀 있는 것이 무거울까요?

닫혀있는 것이 열려있는 것보다 2배 가까이 무거웠습니다. 왜일까요? 속에 무엇인가 들어있는 것일까요?

스텝 2 — 속을 비교해볼까요?

속에 차이가 있을까요? 세로로 잘라서 단면을 비교해보아요.

왼쪽은 닫혀 있는 솔방울, 오른쪽은 열려있는 솔방울.

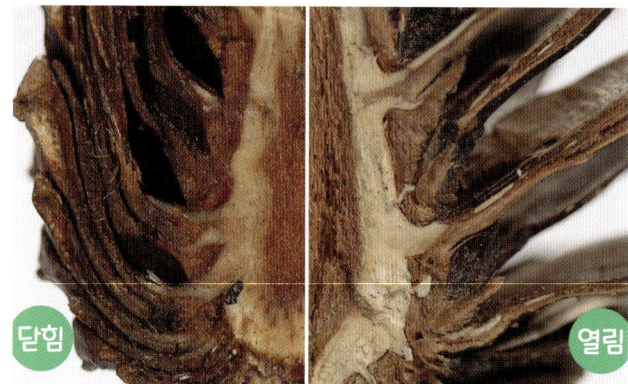

닫힘 / 열림

닫혀있는 것은 중심부가 갈색이고, 열려있는 것은 하얀빛이 돌아요.

의문 ! 왜 중심부의 색이 다를까요?

닫혀있는 솔방울의 중심부 색이 진합니다. 왜일까요? 혹시 젖어있는 것은 아닐까요?

 **스텝 3** 물에 담가서 적셔볼까요?
열려있는 솔방울을 물에 적시면 어떻게 될까요?

열려있는 솔방울을 물이 담긴 컵에 넣어보아요.

 1시간 후

1시간 후에는 완전히 닫혔어요.

 **물에 젖으면 닫혀요!**

열려있던 솔방울을 물이 담긴 컵에 넣으니, 시간이 지나면서 비늘잎이 점점 닫히다가 1시간이 지나니 완전히 닫혔습니다. 왜일까요?

 **스텝 4** 열을 쬐어서 말려볼까요?
이번에는 닫혀 있는 솔방울을 말려보아요. 다시 열릴까요?

적셔서 닫혀 있는 솔방울을 따뜻하게 해서 말려보았어요.

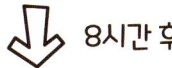 8시간 후

8시간 후에 완전히 열렸어요.

 **말리면 열려요!**

물에 적셔서 닫힌 솔방울을 다시 말리니 점점 열리기 시작해서 결국 처음처럼 완전히 열렸습니다.
역시 물과 관계가 있는 것일까요?

 새로운 의문 & 아직 풀리지 않은 의문

비교해보며 찾아낸 의문을 풀어가다 보면, 또다시 새로운 의문을 발견하게 됩니다.
분명 여러 가지 의문이 있을 거예요. 한 번 찾아볼까요?

- 솔방울 비늘잎 사이 공간에 들어있는 곤충 날개 같은 것은 무엇일까요?
- 솔방울은 왜 시계방향으로 도는 모양일까요?   • 솔방울은 본래 뭔가의 열매일까요?

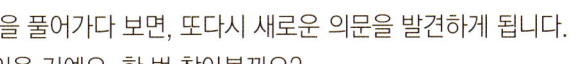

다른 다양한 것을 비교해보아요. **25페이지**에서 더 알아보세요!

관점 3 만져보기

여러 가지 종이를 만져볼까요?

다른 것도 만져보면 뭔가 '의문'을 찾을 수 있을까요?

실험 1 : 다양한 물질을 만져보아요

두께와 크기가 같은 여섯 가지 물질을 준비했습니다.
만졌을 때 온도는 어떻게 느껴질까요? 서로 비교해보아요.

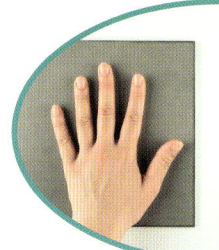
양손으로 만져서 비교해보아요

만져보기 전에 함께 이야기해요

유리는 항상 차가운 느낌이야.

딱딱할수록 차가울 것 같아.

| 나무 | 플라스틱 | 고무 |
| 철 | 유리 | 스티로폼 |

철이 가장 차가운 것 같아!

사람에 따라 다르게 느끼지 않을까?

관점 3 만져보기

여섯 가지 물질을 만져볼까요?

여섯 가지 물질을 여러 가지 조합으로 만져보아요.
어떤 것을 알 수 있을까요?

의문 1 철은 나무보다 차갑네?

철판과 나무판을 만져보면, 철이 차갑게 느껴져요.
겨울에 철봉을 만지면 정말 차갑잖아요.
왜일까요?

차다

철 | 나무

의문 2 스티로폼은 차갑지 않네?

스티로폼과 나무를 비교해보면, 나무가 약간 차갑게 느껴지고, 스티로폼은 따뜻하게 느껴져요.
스티로폼에서 열이 나오는 것일까요?

차다

나무 | 스티로폼

의문 3 같은 정도로 차갑게 느껴지는 것도 있을까요?

플라스틱과 고무를 비교해보면, 플라스틱이 약간 더 차갑게 느껴지지만 거의 비슷해요.

차다

플라스틱 | 고무

돌은 딱딱하고 거칠거칠... 고양이는?

관점 3 만져보기

다양한 조합으로 만져보면...

차다 철	유리	차다 철	플라스틱	차다 철	고무
차다 철	스티로폼	차다 유리	플라스틱	차다 유리	고무
차다 유리	나무	차다 유리	스티로폼	차다 고무	나무
차다 고무	스티로폼	차다 플라스틱	나무	차다 플라스틱	스티로폼

의문 4: 왜 철이 가장 차갑게 느껴질까?

차갑게 느껴지는 순서대로 왼쪽부터 나열하면 아래와 같이 철, 유리, 플라스틱, 고무, 나무, 스티로폼 순입니다. 왜일까요?

손끝으로 온도를 잘 느끼는 초밥 장인이 증명했어요!

| 철 | 유리 | 플라스틱 | 고무 | 나무 | 스티로폼 |

차다 ←――――――――――→ **따뜻하다**

의문 4가 궁금해 — 왜 철이 가장 차갑게 느껴질까요?

실험 2 · 철이 차갑게 느껴지는 비밀을 알아볼까요?

앞 페이지의 의문 ❹를 자세히 알아보아요.
온도계와 특수한 기계를 사용하여 철이 가장 차갑게 느껴지는 비밀을 알아보아요.

스텝 1 | 실제 표면 온도는 몇 도일까?
디지털 온도계로 각각의 실제 표면 온도를 측정해보아요.

스텝 2 | 철을 만진 손의 온도는?
온도를 시각적으로 보여주는 열화상 카메라로 손의 온도 변화를 살펴보아요.

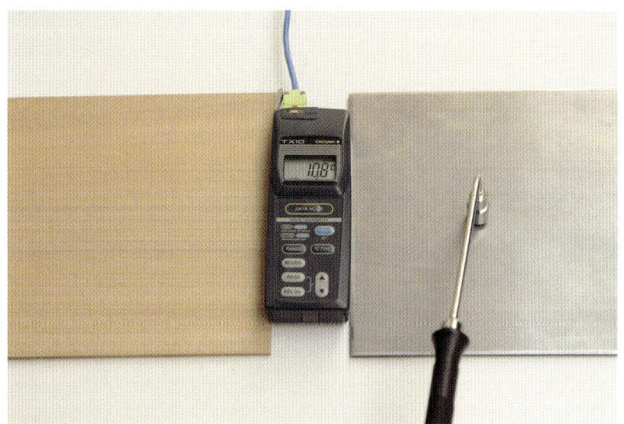
어떤 결과가 나올까요?

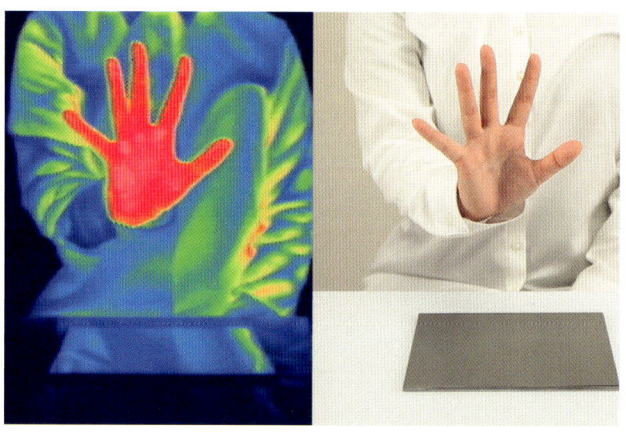
만지기 전의 손. 따뜻한 부분은 빨갛게, 차가운 부분은 파랗게 보여요.

대부분이 22℃ 전후입니다.

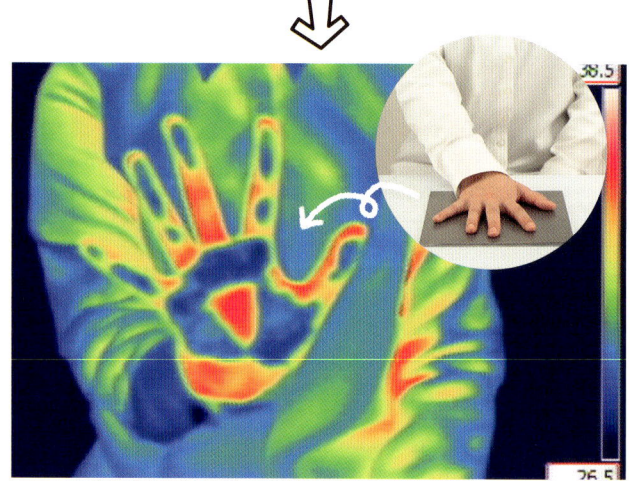
철을 만진 후의 손. 철과 접촉한 부분이 파랗게 되었어요.

실제로는 온도 차이가 거의 없어요!
표면 온도를 측정한 결과, 가장 높은 것이 22.2℃이고 가장 낮은 것이 21.8℃였습니다. 거의 차이가 없었습니다. 왜 철을 가장 차갑게 느꼈을까요?

철을 만지면 손의 표면 온도가 내려가요!
손으로 철을 만지면, 철과 접촉한 부분의 표면 온도가 내려갔습니다. 철을 차갑게 느끼는 것과 관계가 있을까요?

다른 것을 만진 손의 온도는 어떨까?

철 이외의 다섯 가지 물질도 모두 만져보고 손의 온도 변화를 살펴보아요.

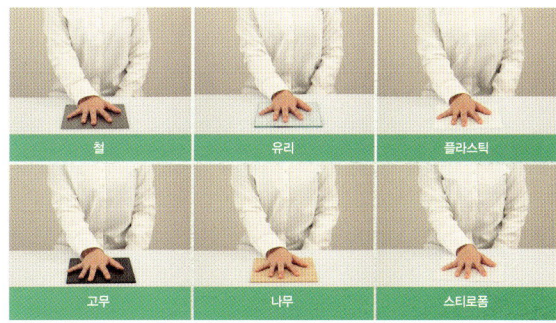

여섯 가지 물질을 모두 같은 조건에서 만졌어요.

 **만진 물질에 따라 손의 온도가 달라져요!**

여섯 가지 물질을 만진 손의 색이 전부 달랐습니다. 결국, 만진 물질에 따라 손의 온도 변화가 다르다는 뜻이에요. 물질의 표면 온도는 전부 비슷한데, 왜 그럴까요?

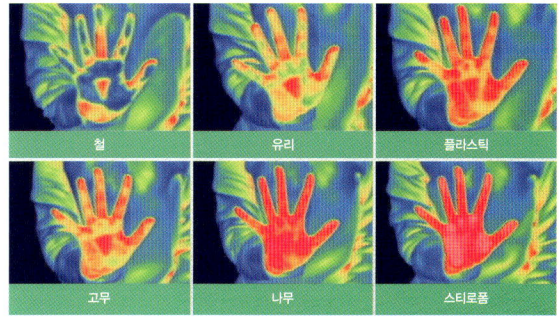

손의 온도 변화는 전부 달랐어요.
철을 만진 손이 가장 파랗게 되었어요.

손의 온도가 낮을수록 파랗게 변하네!

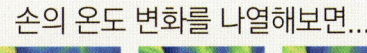

손의 온도 변화를 나열해보면...

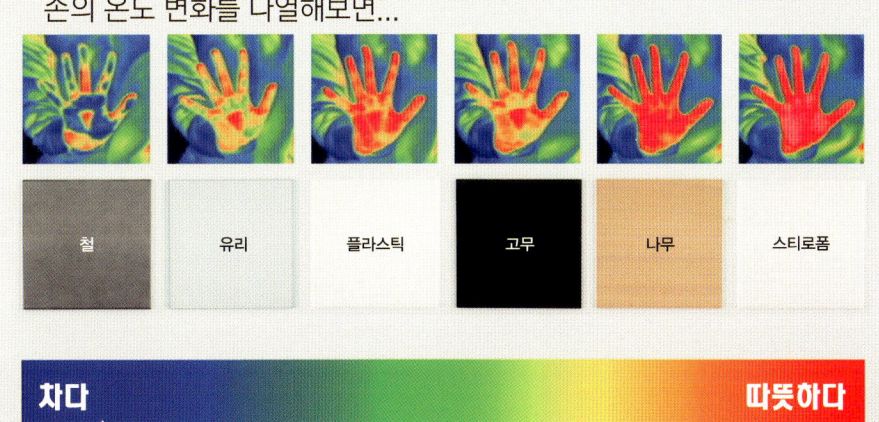

차갑다고 느낀 것일수록 파랗고, 따뜻하다고 느낀 것일수록 빨갛게 되었어요.

 새로운 의문 & 아직 풀리지 않은 의문

만져보며 찾아낸 의문을 풀어가다 보면, 또다시 새로운 의문을 발견하게 됩니다.
분명 여러 가지 의문이 있을 거예요. 한 번 찾아볼까요?

- ● 따뜻한 물건을 만지면 손의 온도는 어떻게 될까요?   ● 철은 손의 온도를 흡수할까요?
- ● 천을 만지면 어떻게 될까요?   ● 종이를 만지면 어떻게 될까요?

다른 다양한 것을 만져보아요. 25페이지에서 더 알아보세요!

관점 1 관점 2 관점 3 에 대해 더 알아보아요

앞에서 알아본 세 가지 '과학의 관점'으로 보면 재미있을 것들을 소개합니다.
세어보고, 비교해보고, 만져보면 어떤 '의문'을 발견하게 될까요?

세어보기
6~11 페이지

🌼 벨트 구멍
구멍 개수나 구멍과 구멍 사이의 간격에 규칙이 있을까요?

🌼 민들레 홀씨
민들레 홀씨는 몇 개일까요?
어느 민들레든 같을까요?

🌼 책 페이지
다양한 책의 페이지 수를 세어보세요.
뭔가 규칙이 있을까요?

🌼 귤 꼭지 뒤쪽
귤 꼭지 뒤쪽의
선의 개수를 세어보세요.
무엇과 관계가 있을까요?

이 선이야

🌼 우산 살
다양한 우산을 조사해보아요.

↑ 우산 살

🌼 피아노 건반
피아노 건반 수는
전부 같을까요?

🌼 10m 걸을 때 걸음 수
친구나 가족에게 부탁해서 세어보세요.
걸음 수는 모두 같을까요?

🌼 단추 구멍
2개, 3개, 4개짜리가 있어요.
왜 여러 종류가 있을까요?

와~ 재밌다!
세어보고 싶은 것이
너무 많아!

비교해보기

12~17 페이지

☀ 닮은 것을 비교해보세요
바다사자와 물개.
어디가 닮았고 어디가 다를까요?

바다사자

물개

☀ 물고기 얼굴
송사리, 잉어, 금붕어 등
다양한 물고기를 비교해보세요.

☀ 벌레 얼굴
다양한 벌레 얼굴을 비교해보세요.
입 모양은 어떻게 생겼을까요?

☀ 구름 모양
맑은 날과 흐린 날의 구름 모양은 다를까요?
계절에 따라 모양이 다르다는 것은 정말일까요?

☀ 오른손과 왼손
오른손과 왼손은 똑같이 생겼을까요?
아니면 다를까요?

☀ 다양한 감귤류
크기, 맛, 색, 껍질 두께를
비교해보세요.

팔삭

오렌지

"다양한 감귤류, 뭐가 다를까?"

하귤

※ 하귤, 팔삭 : 귤의 품종이에요.

만져보기

18~23 페이지

☀ 소리가 나는 것 · 스피커
소리가 날 때와 나지 않을 때는
무엇이 다를까요?

☀ 샴푸와 린스 병
만져서 비교해보면 어떨까요?

☀ 다양한 조개껍질
다양한 조개껍질을 만져보세요.
비슷하게 생긴 모시조개와 대합,
만져보면 어떨까요?

☀ 소금, 설탕, 밀가루, 전분
모두 비슷하게 생긴 흰색 가루예요. 만져본 느낌은 어떤가요? 뭐가 다를까요?

관점 4 분류해보기

여러 동물의 이빨을 분류해볼까요?

얼룩말

악어

사자

바다사자

원숭이

토끼

이빨의 모양도 개수도 다양하네! 어떤 분류 방법이 있을까?

하마

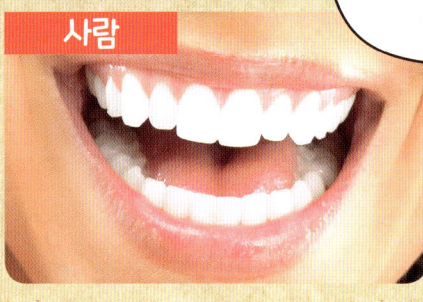
사람

의문!
송곳니를 가진 동물과 없는 동물이 있는 것 같아요. 송곳니로 분류해볼까요?

의문!
먹는 음식으로 분류해볼까요? 이빨의 모양과 관계가 있을까요?

의문!
앞니 모양도 여러 가지네요. 왜 다를까요? 앞니 모양으로 분류해볼까요?

다른 것도 분류해보면 뭔가 '의문'을 찾을 수 있을까요?

실험 1 : 채소와 과일을 분류해보아요

주변에 있는 것을 분류해볼까요?
여러 가지 채소와 과일은 어떻게 나눌 수 있을까요?

분류해보기 전에 함께 이야기해요

나는 모양으로 나눠볼래.
둥근 것, 긴 것, 나머지는...

나는 색으로 분류해볼래.
녹색인 것이 많은 것 같아!

먹을 때 껍질을 벗기는 것과 그대로 먹는 걸로 나눠볼래!

나는 음....

27

분류해볼까요?

27페이지 사진 속의 채소와 과일을 색, 모양 등 다양한 방법으로 분류해보아요.
나눠보면 무엇을 알 수 있을까요?

녹색인 것

녹색이 아닌 것

둥근 것

긴 것

의문 1 채소와 과일에는 녹색인 것이 많을까?

색으로 나눴을 때, 녹색인 것이 다섯 개로 가장 많았어요. 나머지는 빨간색이 두 개, 보라색이 두 개. 채소와 과일에는 녹색이 많을까요?

의문 2 둥근 모양인 것은 단맛인 것이 많네?

둥근 것과 긴 것으로 나눠봤어요. 둥근 것에는 수박, 포도 등 단 것이 많은 것 같아요. 정말일까요?

채소와 과일은 뭐가 다른 걸까?

속이 꽉 찬 것

수분이 많은 것

속이 비어있는 것

수분이 적은 것

의문 3 왜 속이 비어있는 것이 있을까?

속이 꽉 찬 것과 꽉 차지 않은 것으로 나눌 수 있어요. 꽉 차 있지 않다는 것은 속에 아무것도 없는 것인가요? 왜일까요?

의문 4 물기가 많은 것은 색이 진할까?

수분이 많아 보이는 것과 적어 보이는 것으로 나눌 수 있을 것 같아요. 수분이 많아 보이는 것들의 색이 진한 것 같은데... 정말 그럴까요?

 **의문 3이 궁금해**

피망이나 고추는 왜 **속이 비어있을까요**?

실험 2 · 채소와 과일 속 빈공간의 비밀을 알아볼까요?

앞 페이지의 의문 ❸를 자세히 알아보아요.
피망이나 고추는 왜 속이 비어있을까요? 이유를 예상하며 실험해보아요.

예상 해보자

빈 공간이 있는 것은 씨앗을 많이 만들기 위해서일까요?

빈 공간이 있으면 그만큼 씨앗이 생길 공간이 넓어지기 때문이 아닐까요?

키위 — 꽉 차 있음
피망 — 비어있음

스텝 1 · 씨앗 수를 비교해볼까요?

같은 크기의 키위와 피망의 씨앗 수를 비교해보아요.

꽉 차 있는 키위의 씨앗은 781개

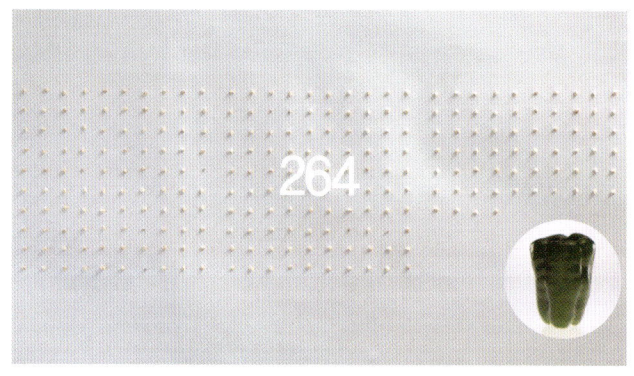

비어있는 피망의 씨앗은 264개

의문!

속이 빈 쪽의 씨앗이 많은 것은 아니예요!

키위가 피망보다 3배 이상 씨가 많았어요. 속이 빈 것과 씨앗 수는 관계가 없는 것일까요?

수박도 씨가 많아

관점 4 분류해보기

예상 해보자

속이 비어있으면 물에 뜨지 않을까요?

물에 뜰 수 있으면 강처럼 물이 있는 곳에서 둥둥 떠내려가서 씨앗을 멀리까지 운반할 수 있기 때문이 아닐까요?

스텝 2 물이 있는 수조에 넣어볼까요?

물을 채운 수조에 넣어보아요. 속이 비어있는 채소는 물에 뜨지 않을까요?

채소와 과일을 커다란 수조에 넣었어요.

예상이 맞을까?

뜬 것	가라앉은 것
· 오크라 · 오이	· 당근
· 가지 · 고추	· 포도
· 양파 · 피망	· 감자
· 순무 · 토마토	

속이 비어있는 피망과 고추는 예상대로 물에 떴어요. 하지만, 속이 꽉 찬 순무와 오이도 떠있네요.

 비어있지 않아도 물에 떠요!

속이 비어있는 것은 물론이고, 속이 꽉 차 있어도 물에 뜨는 것이 있어요. 물에 뜨기 위해서 꼭 속이 비어 있을 필요는 없는 것 같아요.

 새로운 의문 & 아직 풀리지 않은 의문

분류해보며 찾아낸 의문을 풀어가다 보면, 또다시 새로운 의문을 발견하게 됩니다.
분명 여러 가지 의문이 있을 거예요. 한 번 찾아볼까요?

● 채소는 왜 초록색인 것이 많을까요?   ● 긴 것, 둥근 것 등 생긴 모양이 맛과 관계가 있을까요?
● 순무는 물에 뜨는데, 당근과 감자는 왜 가라앉을까요?

다른 다양한 것을 분류해보아요. 44페이지에서 더 알아보세요!

실험 1 : 종이컵을 분해해보아요

친숙한 물건을 분해해볼까요? 종이컵을 분해해보아요.
어떻게 분해할까요? 분해하면 어떻게 될까요?

분해하기 전에 예상해보세요

"사실은 종이 한 장으로 되어있고, 조립할 수 있게 되어있을지도 몰라."

"긴 직사각형 종이를 둥글게 말아서 만든 것은 아닐까?"

"물이 새지 않도록 컵 안쪽과 바깥쪽으로 종이가 두 겹으로 되어 있을 것 같아."

"종이를 이어 붙인 것이라면 어딘가 붙어 있는 곳이 있겠네."

종이컵을 분해해볼까요?

종이컵을 조심조심 분해해보아요.
어떤 의문을 찾을 수 있나요?

의문 1 두 부분으로 만들어져 있네!

종이컵을 분해해보면 두 부분으로 되어있는 것을 알 수 있습니다. 바닥은 동그란 종이이고, 옆면은 부채꼴 모양의 종이예요. 왜 부채꼴 모양일까요? 어떻게 서로 붙어 있을까요?

의문 2 입을 대고 마시는 부분이 둥글게 말려있네!

분해할 때 입을 대고 마시는 부분을 보면, 바깥쪽으로 둥글게 말려 있습니다. 평소에는 별 생각 없이 사용했는데, 뭔가 이유가 있는 것 아닐까요?

의문 3 왜 바닥 테두리 부분이 약간 올라가 있을까?

컵 바닥 테두리가 약간 튀어 나와 있어서 바닥과 닿지 않습니다. 왜 약간 띄워져 있는 것일까요? 뭔가 좋은 점이 있는 걸까요?

의문 2 3 궁금해 입을 대는 부분은 왜 말려있을까요? 바닥이 약간 떠 있는 것은 왜일까요?

실험 2 : 입을 대는 부분이 둥글게 말려있는 이유를 알아볼까요?

옆 페이지의 의문 ❷를 자세히 알아보아요.
입을 대는 부분이 둥글게 말려있는 이유는 무엇일까요? 실험하여 알아보아요.

 **스텝 1** 말려있는 부분을 펴서 물을 넣어볼까요?

둥글게 말려있는 종이컵과 그 부분을 편 종이컵, 양쪽에 물을 담아보아요.

종이컵 한 개는 입 대는 부분을 펴요.

⇩

둥글게 된 것 　　　　　　　　　　둥글지 않은 것

물을 담는 기능에는 특별한 차이가 없어요.

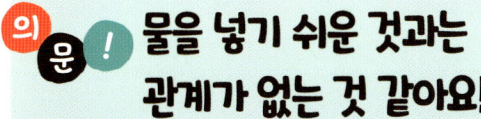 **물을 넣기 쉬운 것과는 관계가 없는 것 같아요!**

입을 대는 부분을 펴도 물을 부을 때는 다를 바 없었습니다. 도대체 왜 말려있는 것일까요?

 **스텝 2** 물을 담고 들어볼까요?

물을 담은 두 개의 종이컵을 들어보아요.

둥글게 된 것 　　　　　　　　　　둥글지 않은 것

거의 같은 양의 물을 담은 보통 종이컵과 말려있는 곳을 편 종이컵

⇩

둥글게 된 것 　　　　　　　　　　둥글지 않은 것

들어 올려보면 말려있지 않은 것은 눌러서 찌그러져요.

 **입을 대는 곳이 말려있지 않으면 잡기 어려워요!**

말려있는 부분을 펴면, 컵을 들어 올릴 때 형태가 찌그러졌습니다. 이것이 입을 대는 곳이 둥글게 말려있는 이유일까요?

실험 3 : 바닥이 약간 올라가 있는 이유를 알아볼까요?

종이컵 바닥이 약간 떠 있는 이유는 무엇일까요?
다양한 이유를 예상하며 실험해보아요.

예상 해보자

바닥이 떠 있는 것은 보온 때문일까요?

테이블에 컵 바닥이 붙어있으면 뜨거운 물을 부었을 때 열을 빼앗기기 쉬운 것 아닐까요?

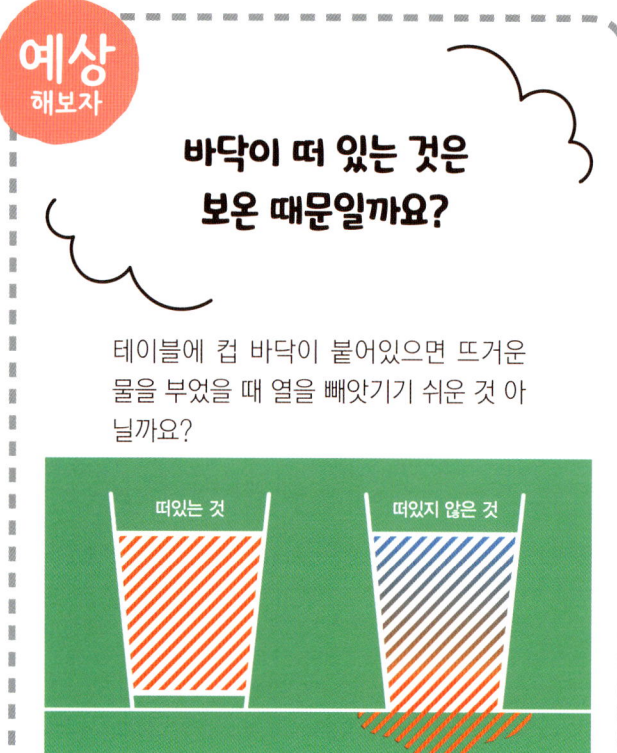

밥그릇 바닥도 약간 떠 있네

스텝 1 각각의 온도변화는 어떨까요?

바닥이 약간 떠 있는 종이컵과 그렇지 않은 종이컵, 두 개의 온도 변화를 비교해보아요.

떠있는 것 / 떠있지 않은 것

처음에는 양쪽 모두 78℃ 정도예요.

 10분 후

떠있는 것 / 떠있지 않은 것

바닥이 약간 떠 있는 것은 60.6℃, 바닥이 떠 있지 않은 것은 60.8℃. 둘 다 별 차이가 없네요.

의문! 온도 변화에는 영향이 없어요!

바닥이 떠 있는 것과 그렇지 않은 것의 물 온도 변화는 차이가 거의 없었습니다. 테이블 소재가 무엇인지에 따라 관계가 있을까요?

예상 해보자

바닥이 떠 있으면 겹쳐놓았을 때 빼기 쉬울까요?

바닥이 떠 있으면 그 공간에 공기가 들어가서 컵을 겹쳐놓았을 때 빼기 쉬운 것은 아닐까요?

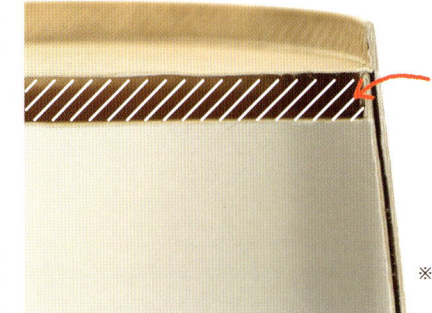

→ 바닥이 떠 있는 만큼의 공간

※ 이 사진은 종이컵 단면입니다.

스텝 2 : 빼기 쉬운 정도를 비교하면?

바닥이 떠 있는 종이컵과 그렇지 않은 종이컵을 겹쳐놓았을 때 빼기 쉬운 정도를 비교해보아요.

떠있지 않은 것

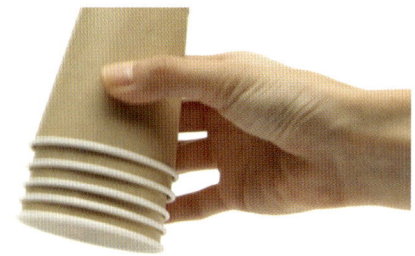

바닥이 떠 있지 않으면 컵끼리 달라 붙어요.

떠있는 것

바닥이 떠 있는 것은 간단하게 컵이 빠져요.

의문! 바닥이 떠 있는 것은 왜 빼기 쉬울까요?

바닥이 떠 있지 않은 종이컵을 하나 빼려고 하면 밑의 종이컵과 서로 달라 붙어버리지만, 바닥이 떠 있는 종이컵은 빼기 쉬웠습니다. 역시 공기가 들어가 있기 때문일까요?

여러 개 겹쳐도 같을까?

새로운 의문 & 아직 풀리지 않은 의문

분해해보며 찾아낸 의문을 풀어가다 보면, 또다시 새로운 의문을 발견하게 됩니다.
분명 여러 가지 의문이 있을 거예요. 한 번 찾아볼까요?

● 종이로 만들었는데 왜 물이 스며들거나 찢어지지 않을까요?
● 종이컵은 왜 바닥보다 입을 대고 마시는 부분이 넓을까요?

다른 다양한 것을 분해해보아요. 44페이지에서 더 알아보세요!

실험 1 : 여러 가지 식기로 소리를 내보아요

친숙한 물건으로 다양한 소리를 내보아요.
다양한 식기류로 소리를 내보면 어떨까요?

소리를 내기 전에 예상해보세요

유리컵을 두드리면 맑은 소리가 날 것 같아.

같은 유리 식기라도 와인 잔과 컵은 모양이 다르니까 소리도 다르지 않을까?

물이 들어 있냐 없냐에 따라 소리도 달라지지 않을까?

유리병을 입으로 불면 소리가 난다는데 정말일까?

39

소리를 내볼까요?

식기를 사용하여 다양한 방법으로 소리를 내보아요.
어떤 의문을 찾을 수 있을까요?

유리컵을 젓가락으로 두드린다

물이 들어 있는 유리병을 흔든다

물병으로 컵에 물을 따른다

접시를 손가락으로 문지른다

유리병 입구를 입으로 분다

와인 잔의 테두리를 문지른다

소리를 내는 방법이 여러 가지 있네!

머그잔을 숟가락으로 두드린다

관점 6 소리 내보기

 **의문 1 물을 따르면 점점 소리가 높아지네?**

물병으로 컵에 물을 따라보면, 따르고 있는 동안에 소리가 점점 높아졌습니다. 왜일까요? 다른 식기도 마찬가지일까요?

 **의문 2 유리잔 테두리에서는 왜 맑은소리가 날까?**

와인 잔에 물을 넣고 젖은 손가락으로 테두리를 문지르니 맑고 투명한 소리가 났습니다. 마치 바이올린 소리 같아요. 왜 이런 소리가 나는 걸까요?

 **의문 3 접시를 문지르면 밀 때와 당길 때 왜 다른 소리가 날까?**

접시를 손가락으로 문지르면 "끽끽" 소리가 났어요. 밀 때는 높은 소리, 당길 때는 낮은 소리예요. 다른 접시나 그릇으로 해보아도 역시 소리의 변화는 같았어요. 왜 소리가 달라지는 걸까요?

빨리 문질러도 같은 소리가 날까?

높은 소리

낮은 소리

 **의문 3이 궁금해 당길 때와 밀 때, 왜 소리가 다를까요?**

실험 2 문지를 때 나는 소리의 비밀을 알아볼까요?

앞 페이지의 의문 ❸을 자세히 알아보아요.
왜 밀 때는 높은 소리가 나고, 당길 때는 낮은 소리가 날까요? 자세히 조사해보아요.

빨리 문질러볼까요?
문지르는 방법을 다르게 해보아요. 문지르는 속도를 다르게 하면 소리도 달라질까요?

손가락으로 빠르게 문질러보아요.

⇩

밀 때는 높은 소리가 나고, 당길 때는 낮은 소리가 났어요. 역시 똑같네요.

의문 ! 속도를 바꿔도 같아요!
빨리 문지르거나 천천히 문질러도 밀 때는 높은 소리가 나고, 당길 때는 낮은 소리가 났어요. 속도는 관계없는 것일까요?

손가락을 눕혀 문질러볼까요?
손가락이 닿는 면적을 바꿔보아요.
손가락을 눕혀서 문지르면 어떻게 될까요?

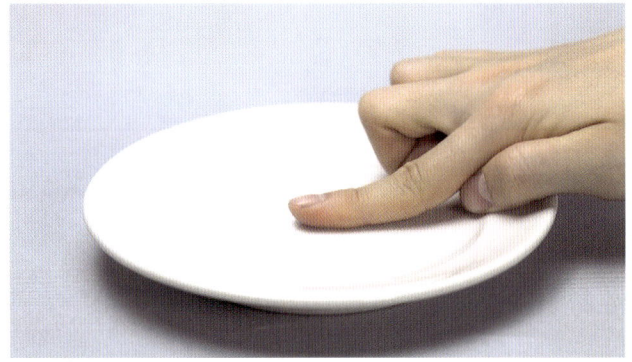

손가락을 눕혀서 문질러보아요.

⇩

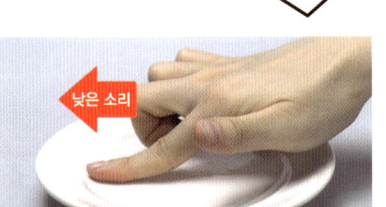

밀 때는 낮은 소리가 나고, 당길 때는 높은 소리가 났어요!

의문 ! 소리가 반대로 났어요!?
손가락 끝으로 문지를 때와는 다르게, 손가락을 눕혀서 문지르니 높은 소리와 낮은 소리가 반대로 났어요. 문지르는 행동은 같은데, 왜일까요?

# 관점 6 소리 내보기

 ## 스텝 3 손가락을 살펴볼까요?
손가락 끝은 단단하고, 중간 부분은 부드럽습니다. 문지를 때 닿는 부분을 살펴보아요.

손가락 끝으로 소리 낼 때
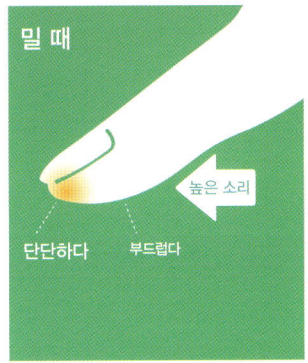 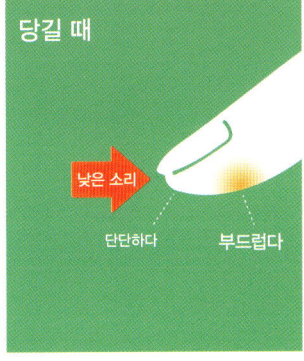

손가락을 밀 때 단단한 부분이 닿고, 당길 때 부드러운 부분이 닿았어요.

손가락을 눕혀서 소리 낼 때
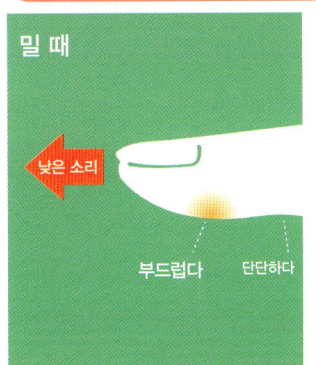 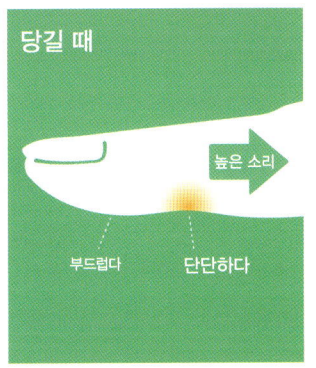

손가락을 밀 때 부드러운 부분이 닿고, 당길 때 단단한 부분이 닿았어요.

의문! 손가락의 닿는 부분이 소리와 관계가 있어요!?
단단한 부분이 닿을 때 높은 소리가 나는 것일까요?

스텝 4 스펀지로 문질러볼까요?
어디로 문질러도 똑같은 정도로 단단한 스펀지로 실험해보아요.

일반적인 스펀지를 사용했어요.

스펀지를 밀 때 낮은 소리, 당길 때 높은 소리가 났어요!

의문! 밀고 당길 때 소리의 높이와 단단한 정도는 관계가 없나요?
단단한 정도가 같은 스펀지로 문질렀는데도 소리가 변했어요! 왜일까요?

 새로운 의문 & 아직 풀리지 않은 의문

소리를 내보며 찾아낸 의문을 풀어가다 보면, 또다시 새로운 의문을 발견하게 됩니다.
분명 여러 가지 의문이 있을 거예요. 한 번 찾아볼까요?

- 물을 따를 때 점점 소리가 높아지는 이유는 뭘까요?
- 와인 잔의 테두리를 문지르면 왜 바이올린 같은 소리가 날까요?

다른 다양한 것으로 소리를 내보아요. 45페이지에서 더 알아보세요!

관점 4 관점 5 관점 6 에 대해 더 알아보아요

26페이지부터 알아본 세 가지 '과학의 관점'으로 보면 재미있을 것들을 소개합니다.
분류해보고, 분해해보고, 소리 내보면 어떤 '의문'을 발견하게 될까요?

분해해보기
(32~37 페이지)

✹ 다색볼펜
펜 속은 어떻게 되어 있을까요?

✹ 갑 티슈
한 장을 빼면, 어떻게 다음 장이 나오는 걸까요?
상자 속에 티슈가 어떤 식으로 들어 있을까요?

✹ 빨래집게
분해해보면 센 힘으로
집을 수 있는 이유를 알 수 있을지도 몰라요.

✹ 노트
스프링 노트의 스프링은 어떻게 되어있을까요?
일반 노트의 종이들은 어떻게 붙어있을까요?

스프링 노트

일반 노트

노트에도 다양한 제본 방식이 있네.

✹ 꽃, 채소, 과일
몇 가지 부분으로 나뉘어 있을까요? 꼼꼼히 분해 해보세요.
처음 보는 부분이 속에 감추어져 있을지도 몰라요.

- 해바라기   · 수국   · 양파   · 피망   · 포도
- 나팔꽃   · 가지   · 양상추   · 토마토 등

분류해보기

26~31 페이지

✳ 도토리

✳ 나뭇잎

모양, 크기, 색. 어떤 방법으로 분류할 수 있을까요?

✳ **교통안전표지**

색깔, 모양, 그림 등 다양한 기준으로 분류해보세요.

박수 소리는 전부 같을까?

소리 내보기

38~43 페이지

✳ **몸**

배, 손바닥, 얼굴 등 다양한 곳을 가볍게 두드려서 소리를 내보세요.

✳ **공**

야구공, 축구공, 농구공 등 다양한 공을 두드려보세요.

✳ **휘파람 불기**

휘파람을 잘 불 수 있나요? 어떻게 소리가 나는 걸까요?

✳ **다양한 장소에서 "아~!" 소리내기**

예를 들면 터널, 음악실, 체육실, 목욕탕 등 장소에 따라 다르게 들릴까요?

과학탐구

연구 결론을 쓸 때 중요한 점

『과학의 관점 2 예상하기』에서는 연구를 진행하는 다섯 가지 과정을 소개했습니다.
여기에서는 연구의 결론을 쓸 때 중요한 점을 소개합니다.

포인트 1 누가 읽고 볼지 생각하자

자유 연구는 최종적으로 공책이나 보고서 용지 등에 정리해서 쓰는 경우가 많습니다.
쓸 때 꼭 기억해야 할 것은 그것을 읽거나 볼 '사람'이 있다는 것입니다.
스스로는 '이건 정말 대단한 연구야!'라고 생각해도 그 내용이 제대로 전달되지 않으면
그 가치는 떨어지기 마련입니다. 자신이 정리한 '연구'를 볼 사람은 누구인지, 그 사람이
봤을 때 어떻게 생각할지를 상상하면서 알기 쉽게 전달하도록 궁리하는 것이 중요합니다.

포인트 2 그림과 그래프, 사진을 넣자

연구한 내용을 제대로 이해시키기 위해서는 문장만으로 표현하지 말고
그림과 그래프, 사진 등을 넣습니다. 그러면 알기 쉬워집니다.

잘 사용해서 확실히 알 수 있게 하자.

포인트 3 동영상, 일러스트, 공작물 등을 사용해보자

자유 연구를 동영상, 일러스트, 공작물 등으로 표현해도 좋습니다. 공책이나 보고서 용지에
쓴 것과 함께 이용해도 물론 괜찮습니다. 그 외에도 다양한 방법을 시도하면 누구도
상상한 적 없는 굉장한 연구가 될지도 모릅니다. 연구를 즐기면서 하는 것을 잊지 말고,
내 나름의 정리 방법과 전달 방법을 궁리해봅시다.

마지막으로

'의문'을 발견하기 위한 책 「과학의 관점」을 재밌게 보셨나요?
여러분이 책에서 소개하는 열여덟 가지 '관점'을 통해
자신만의 '의문'을 발견해 나간다면 매우 기쁘겠습니다.

이 책에서는 다양한 '관점'을 통해 '의문'을 발견하는 방법을 살펴보았지만,
방송에서는 사실 '의문'을 발견하기 위한 수단을 하나 더 소개하고 있습니다.

그림책 작가이자 일러스트레이터인 요시타케 신스케의 원작·원화에 의한
'당연하다는 것은 뭘까?', '당연하다는 것은 뭘까요?'라는 애니메이션 코너가 그것입니다.
이 코너에서는 '간지럼 태우면 웃게 돼~ 당연하지! 근데 왜 그럴까?
그리고 내가 나를 간지럽히면 왜 간지럽지 않을까?'라는 식으로
등장하는 아이가 당연하다고 생각되는 것을 의심해보며 다양한 의문을 발견해 나갑니다.

주변에 있는 '당연한 것을 일부러 의심해 보는 것'은
이 책 속에서도 반복해서 등장하는 사고법이기도 합니다.

'관점'을 통해서, 그리고 '당연한 것을 의심하는 것'으로
여러분의 '의문'을 발견해 보시기 바랍니다.
그것은 정말 자유롭고 즐거운 일입니다.

※ 각 책의 권말에 있는 「과학 탐구」에 대한 원고는 시오세 타카유키(교토대학교 종합박물관 준교수), 카노 케이(시가대학교 교육학부 준교수), 미즈마치 에리(오사카대학교 CO 디자인센터 특임 조교)로부터 조언을 받았습니다. 감사드립니다.

NHK 「과학의 관점」 프로듀서 다케우치 신이치

편집 NHK「과학의 관점」제작진

프로그램 위원
Kei Kano / 시가대학 교육학부 이과교육강좌 준교수
Hiroshi Kawasumi / 후쿠이현 교육종합연구소 특별연구원
Takayuki Shiose / 교토대학 종합박물관 준교수
Tetsuya Narukawa / 문부과학성 초등중등교육국 교과조사관
Eri Mizumachi / 오사카대학 CO디자인센터 특임조교

디렉터
Tomoto Hirooka, Keiro Sato, Makoto Igarashi,
Kiyoshi Maeda, Masahiro Totake,
Atsushi Kobayashi, Satoshi Fujitsuka,
Michiru Miyamura, Akito Ishida, Hidemi Yamashita

아트드렉션·음악
Shingo Ohno

타이틀 영상
Genki Ito

프로듀서
Kensuke Shiga

제작 총괄
Shunichiro Wakai, Shigehisa Oko,
Kazuteru Hayashi, Shinichi Taketuchi

그림 요시타케 신스케

1973년 가나가와현 출생. 그림책 작가, 일러스트레이터. 츠쿠바대학 대학원 예술연구과 종합 조형 코스를 수료. MOE 그림 책방 대상 제1위, 볼로냐 라가치상 특별상, 제 51회 신풍상 등 다수. 저서로는 『이게 정말 사과일까』, 『벗지 말걸 그랬어』, 『있으려나 서점』, 『아빠가 되었습니다만,』 등.

- 협력   NHK 에듀케이셔널
- 사진   Shutterstock.com
- 커버·본문 디자인   Hideaki Yamaguchi(Studio Flavor)
- 본문 일러스트   Yoh Izumori
- 원고 집필   Noriyuki Irisawa
- 편집 협력   주식회사 3Season(Kyoko Fujimon)

분석적 사고력·창의력·논리력을 개발하는 과학 영재 프로젝트

과학의 관점 3 실험하기

1판 1쇄 발행일   2021년 9월 15일
1판 4쇄 발행일   2023년 10월 31일

편집   NHK「과학의 관점」제작진
그림   요시타케 신스케
옮긴이   권효정
펴낸이   김현준
펴낸곳   도서출판 유나

경기도 용인시 수지구 만현로 20, 성산빌딩 203호
전화 0505-922-1234   팩스 0505-933-1234
kim@yunabooks.com   www.facebook.com/yunabooks
www.yunabooks.com   www.instagram.com/yunabooks

ISBN 979-11-88364-28-2 (77400)
ISBN 979-11-88364-25-1 (세트)

NHK KAGAKU NO MIKATA 3 JIKKEN SHITE MIYO
Copyright © 2019 NHK, Yoshitake Shinsuke
Korean translation rights arranged with NHK PUBLISHING, INC.
through Japan UNI Agency, Inc., Tokyo and D&P Co., Ltd., Gyeonggi-do.

이 책은 (주)디앤피코퍼레이션(D&P Co., Ltd.)을 통한 저작권자와의 독점계약으로 도서출판 유나에서 출간되었습니다. 저작권법에 의해 한국 내에서 보호를 받는 저작물이므로 무단전재와 복제를 금합니다.

* 잘못된 책은 구입처에서 바꾸어 드립니다.   * 책값은 뒤표지에 있습니다.